# QUELQUES DOCUMENTS

### RELATIFS A LA

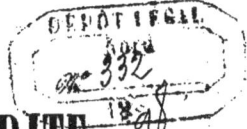

# MORTALITÉ PAR GASTRO-ENTÉRITE

# CHEZ L'ENFANT

## en particulier pendant l'année 1897

## A LILLE

PAR

### Le Docteur Lucien DEMEULENAERE

PHARMACIEN DE PREMIÈRE CLASSE

EX-PRÉPARATEUR DE CHIMIE ORGANIQUE A LA FACULTÉ

LAURÉAT DE LA FACULTÉ 1893

LILLE

LE BIGOT FRÈRES, IMPRIMEURS-ÉDITEURS

25, Rue Nicolas-Leblanc, 25

—

1898

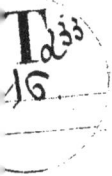

# QUELQUES DOCUMENTS

RELATIFS A LA

# MORTALITÉ PAR GASTRO-ENTÉRITE

## CHEZ L'ENFANT

en particulier pendant l'année 1897

## A LILLE

33

# QUELQUES DOCUMENTS

RELATIFS A LA

# MORTALITÉ PAR GASTRO - ENTÉRITE

## CHEZ L'ENFANT

en particulier pendant l'année 1897

## A LILLE

PAR

**Le Docteur Lucien DEMEULENAERE**

PHARMACIEN DE PREMIÈRE CLASSE

EX-PRÉPARATEUR DE CHIMIE ORGANIQUE A LA FACULTÉ

LAURÉAT DE LA FACULTÉ 1893

LILLE

LE BIGOT FRÈRES, IMPRIMEURS-ÉDITEURS

25, Rue Nicolas-Leblanc, 25

1898

A MES PARENTS

———

A MON MAÎTRE

MONSIEUR LE DOCTEUR LAMBLING

PROFESSEUR DE CHIMIE ORGANIQUE

A MON PRÉSIDENT DE THÈSE

## Monsieur le Docteur SURMONT

PROFESSEUR D'HYGIÈNE

PLAN
de la
VILLE de LILLE
par V. PIGACHE

LÉGENDE

EDIFICES CIVILS

EDIFICES MILITAIRES

EDIFICES RELIGIEUX

EDIFICES MILITAIRES

GUIDE DE LA VILLE DE LILLE : UN FRANC

PROPRIÉTÉ
de L. QUARRÉ
Libraire-Éditeur
Grande-Place, 64, à LILLE

EN VENTE chez L. QUARRÉ, libraire-éditeur, Grande-Place, 64, à LILLE.

# INTRODUCTION

Lille jouit du fâcheux privilège d'avoir une
mortalité infantile très élevée. Parmi les maladies
qui sont la cause de ces nombreux décès, il faut
placer en tête la gastro-entérite. Sur les conseils
de M. le Professeur Surmont, nous avons cherché
à nous rendre compte exactement des ravages
causés par cette affection à Lille. Nous avons
compulsé à l'Office sanitaire municipal les documents
afférents aux cinq dernières années, mais une partie
seulement de ces documents trouvera place ici, le
reste étant réservé pour un travail qui sera publié
ultérieurement par MM. Surmont et Chrétien.

Les caractères de la courbe annuelle de décès
dus aux infections du tube digestif chez l'enfant
ne nous ont pas paru varier très sensiblement d'une
année à l'autre.

Nous nous bornerons donc à la publication des
matériaux concernant l'année 1897. Toutefois, dans
une des courbes qui figurent dans ce travail, nous
avons tenu à inscrire les chiffres des cinq dernières
années, pour là natalité mensuelle, la mortalité
mensuelle infantile, et la mortalité par gastro-

entérite, afin de montrer que dans ses grandes lignes la gastro-entérite tendait à revêtir la même physionomie (1).

Pour présenter le résultat des recherches que nous avons faites, nous avons adopté la forme de graphiques, de cartes et de tableaux, comme cela se fait généralement dans les travaux statistiques. Cette manière d'exposer le sujet lui donne plus de clarté. En tête de ce travail, nous avons intercalé un plan détaillé de la ville de Lille, auquel le lecteur pourra toujours se rapporter pour la topographie générale. En ce qui concerne les quartiers de la Ville, le lecteur les trouvera indiqués sur les quatre cartes qui ont trait à la mortalité par athrepsie, et qui figurent dans ce travail.

Notre seul but en publiant ces documents est d'attirer l'attention de tous les médecins sur ce fléau, dont l'importance a peut-être échappé à beaucoup. C'est cette importance que nous avons toujours essayé de mettre en relief ; nous n'envisagerons donc pas dans leurs détails les causes ni les remèdes. Nous tenons à nous borner à la simple constatation d'un fait dont la gravité n'échappera à personne.

Il est nécessaire ici d'ouvrir une parenthèse,

(1) Il est bien entendu que les mots *gastro-entérite* et *athrepsie* comprennent à la fois la gastro-entérite aiguë, la gastro-entérite chronique, et leur terme ultime, l'athrepsie.

afin de bien spécifier comment les statistiques sont dressées à l'Office sanitaire de Lille. En effet, toute la valeur de notre travail est basée sur l'exactitude des diagnostics.

Lorsque la famille a effectué la déclaration du décès à l'employé de l'état-civil, ce dernier transmet à l'Office sanitaire un bulletin de renseignements sur lequel on épingle le permis d'inhumer. Ce bulletin comprend une série de questions qui varient suivant l'âge du décédé.

Pour les enfants âgés de 0 à 2 ans, elles sont les suivantes :

— Profession exacte de la mère ?

— Cause du décès ?

— L'enfant a-t-il été soigné par un médecin ?

— *Mode d'allaitement ?*

— Combien d'enfants : mort-nés, vivants, décédés ?

— Origine de l'eau à boire ?

— Le logement est-il salubre ?

— Observations.

Ce bulletin est rempli par le médecin de l'état-civil qui va constater le décès et remettre le permis d'inhumer. Souvent il trouve quelques renseignements laissés par le médecin traitant. Dans le cas contraire, quelques questions lui permettent, sans trop de difficultés, de savoir quelle est la cause exacte du décès.

De plus, on peut dire que dans la généralité des cas, le diagnostic rétrospectif de la gastro-entérite est facile à faire.

Tous les bulletins que nous avons feuilletés étaient remplis avec exactitude et quelques-uns contenaient de très précieux renseignements.

Lorsque les bulletins de décès, remplis et signés par les médecins de l'état-civil, sont de retour à l'Office sanitaire, ils y subissent un classement par date, par maladie, par âge, par état-civil, par quartier, de telle sorte qu'on peut les compulser avec la plus grande commodité.

Il est évident que dans la quantité se glissent quelques erreurs ; mais elles sont certainement rares par cela même que toutes les précautions sont prises pour assurer l'exactitude du diagnostic. Si même les erreurs étaient plus grandes que nous ne le supposons, elles feraient varier de bien peu le pourcentage, parce qu'il est établi non pas sur cinquante cas mais sur près de mille.

Les documents pour l'année 1897, qui nous ont servi à l'élaboration de ce travail, ont été puisés dans les bulletins trimestriels que l'Office sanitaire fait paraître, et aux sources mêmes dans les documents relatifs à chaque cas (bulletin de décès), qui sont conservés et que M. le Dr Chrétien, directeur du service, a mis à notre disposition avec une bienveillance dont nous le remercions cordialement.

M. le professeur Surmont, qui a bien voulu nous guider de ses conseils dans l'élaboration de ce travail, et qui nous a fait l'honneur d'accepter la présidence de notre thèse, a droit à notre vive gratitude.

Nous sommes heureux de l'occasion qui nous est offerte de témoigner notre profonde reconnaissance à notre maître, M. le professeur Lambling, pour la bienveillance qu'il n'a cessé de nous prodiguer pendant les trois années passées jadis dans son laboratoire.

Nous remercions aussi bien sincèrement M. le professeur Lotar et M. le professeur-agrégé Deléarde, qui ont bien voulu faire partie de notre jury de thèse.

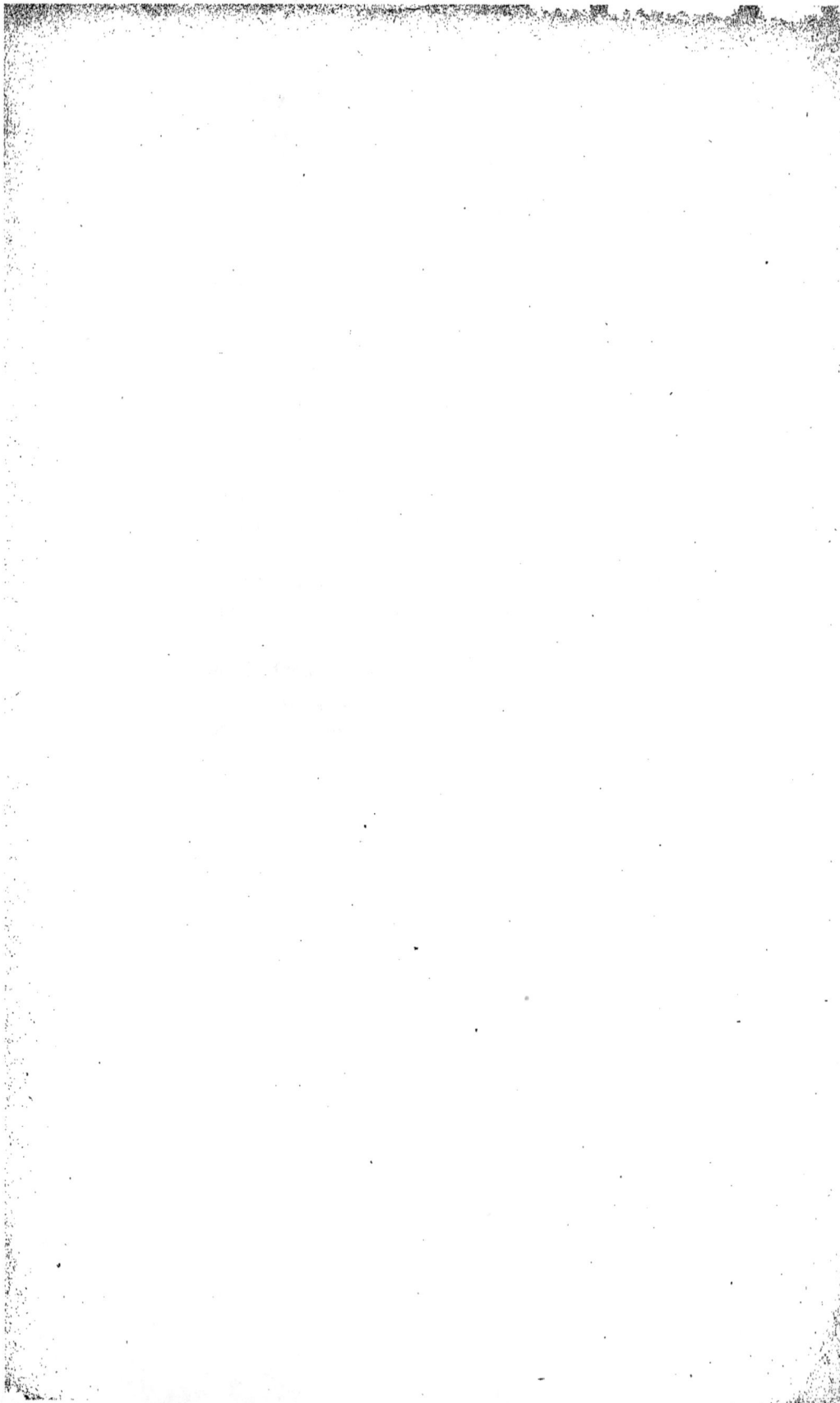

I

## Importance relative de la Gastro-Entérite
## dans la mortalité infantile

Si l'on fait la répartition suivant leurs causes des décès chez les enfants de 0 à 1 an, on est surpris de voir que la gastro-entérite à elle seule fournit une mortalité beaucoup plus grande que toutes les autres affections réunies. La rougeole et la diphtérie même, qui causent tant de morts parmi les enfants, ne sont rien en comparaison de la gastro-entérite. La pneumonie fournit peu de décès, la scarlatine a presque disparu.

Le tableau suivant est destiné uniquement à faire ressortir le nombre élevé de décès par gastro-entérite en comparaison de ceux qui sont dus à la rougeole et à la diphtérie. Il indique que si ces dernières affections subissent des fluctuations annuelles, la gastro-entérite, au contraire, possède un caractère marqué de stabilité et se maintient à un taux très élevé et sensiblement égal d'une année à l'autre.

| Décès par | 1893 | 1894 | 1895 | 1896 | 1897 |
|---|---|---|---|---|---|
| Gastro-entérite. (de 0 à 1 an) | 737 | 549 | 791 | 718 | 866 |
| Rougeole . . . | 301 | 16 | 90 | 89 | 165 |
| Diphtérie . . . | 114 | 106 | 42 | 31 | 27 |

Le chiffre de 301 décès par rougeole est dû, en 1893, à une épidémie. C'est un des caractères de cette affection, de sévir par poussées. En 1894, en effet, le chiffre s'est déjà considérablement abaissé et est tombé à 16° pour se relever progressivement jusqu'en 1897.

La diphtérie, au contraire, grâce à l'avènement du sérum et aussi à l'attention particulière du monde médical dont cette affection est l'objet depuis 1895, subit une baisse progressive du nombre des habitants.

Telle est, en quelques mots, la façon dont se comporte la gastro-entérite vis-à-vis de la mortalité générale infantile.

## Importance relative de la Gastro-Entérite
## dans la mortalité générale

Nous devons envisager cette affection au point de vue de la mortalité en général.

La tuberculose, à Lille comme ailleurs, est la cause la plus forte de la mortalité. Cela n'est vrai que si l'on compte les chiffres bruts. Si, au contraire, on répartit les décès par quartiers, on constate que la gastro-entérite l'emporte quelquefois sur la tuberculose. Dans les chiffres qui vont suivre, les décès par gastro-entérite sont comptés non seulement chez les enfants mais aussi chez les adultes ; mais la proportion des mort-nés chez les enfants est considérable (96 0/0 du chiffre total). Or ce total, diminué du nombre des décès par gastro-entérite de l'adulte, donne un nombre de décès, chez les enfants seuls, supérieur encore à celui des décès par tuberculose en général.

Dans le quartier du Sud, par exemple, peuplé surtout d'ouvriers de fabrique et de journaliers, quartier extra-urbain cependant, comme le lecteur peut le voir sur les cartes qui figurent dans ce travail, le nombre des décès par gastro-entérite a été, en 1897, de 48 et par tuberculose de 21.

Quant aux autres causes de décès, elles ne sont pas comparables par leur importance à la gastro-entérite. Il y a eu :

5 décès par pneumonie,<br>
18    id.     rougeole,<br>
1    id.     diphtérie,<br>
0    id.     scarlatine.

Dans le quartier d'Esquermes, 62 décès sont dus à la gastro-entérite et 47 à la tuberculose.

Dans le quartier de Fives-Lille, peuplé surtout d'ouvriers, 116 décès sont dus à la gastro-entérite, et 99 à la tuberculose.

Dans le quartier de St-Maurice, le mieux situé de la Ville, 40 décès reconnaissant comme cause la gastro-entérite, et 40 la tuberculose.

Ces chiffres doivent suffire pour montrer tout l'intérêt dont cette question est digne, car nous restons convaincu qu'il est possible, et dans une large mesure, d'enrayer ce fléau qui fauche tous les ans un si grand nombre d'existences.

## Influence de l'âge

Au cours des recherches que nous faisions, nous avons été frappé par ce fait que presque tous les enfants qui succombaient à l'entérite étaient âgés de moins de six mois. Et pour nous rendre compte de l'influence qu'exerce l'âge, nous avons établi le graphique suivant.

Plus l'enfant grandit, plus il offre de résistance et plus il supporte facilement les grandes chaleurs de l'été. Plus il est petit, plus aisément il succombé.

La mortalité faible des enfants âgés de plus de six mois est due, non seulement à la résistance de l'organisme, mais aussi à ce fait qu'une sélection s'est déjà produite. En effet, les enfants mal soignés succombent dès le début, et ceux-là seuls qui sont soumis à une hygiène suffisante ont chance de résister. Quel que soit l'âge de l'enfant, c'est toujours pendant les mois d'été qu'il succombe le plus facilement.

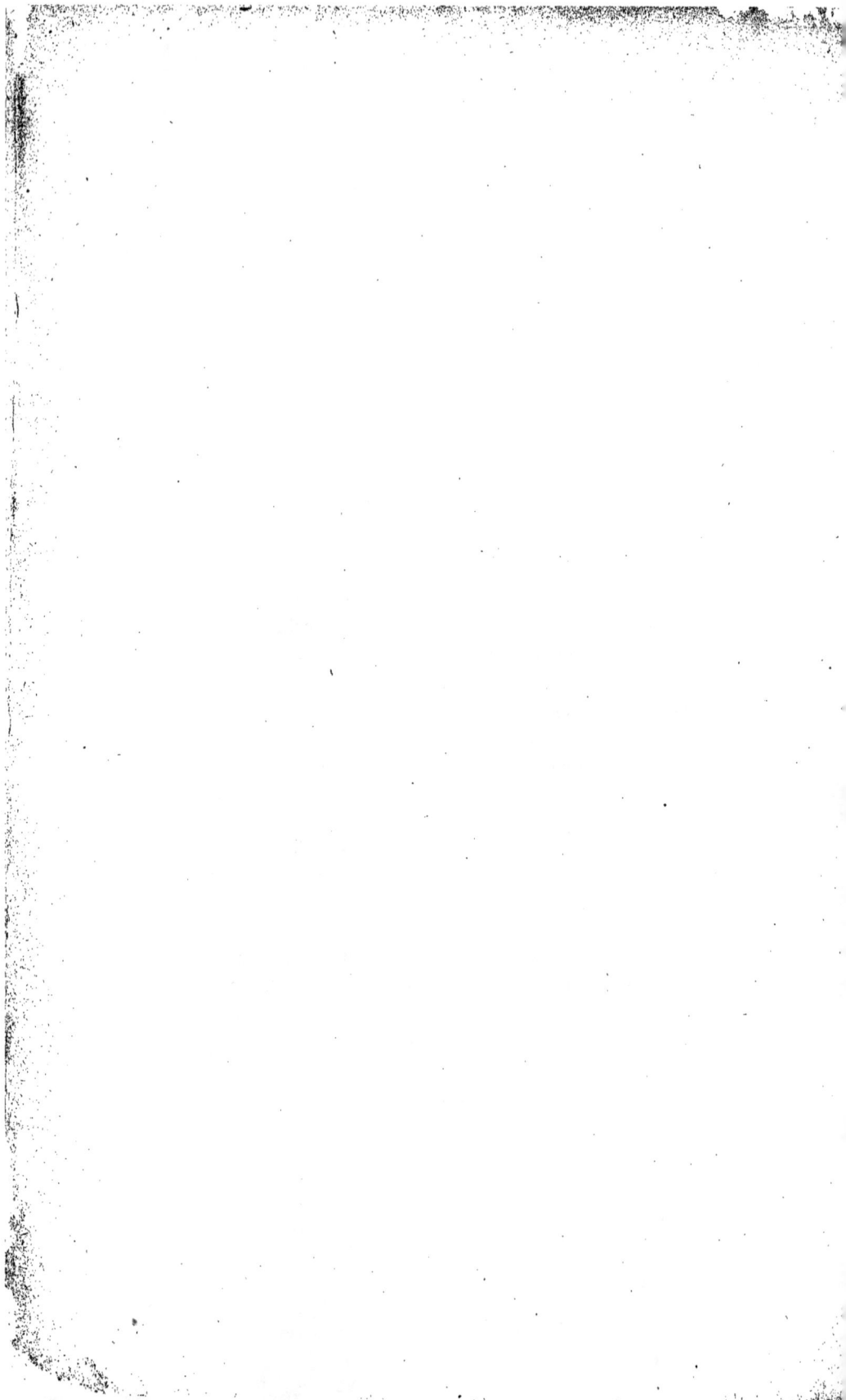

Courbes représentant la fréquence de la mortalité infantile par athrepsie suivant les âges et par mois

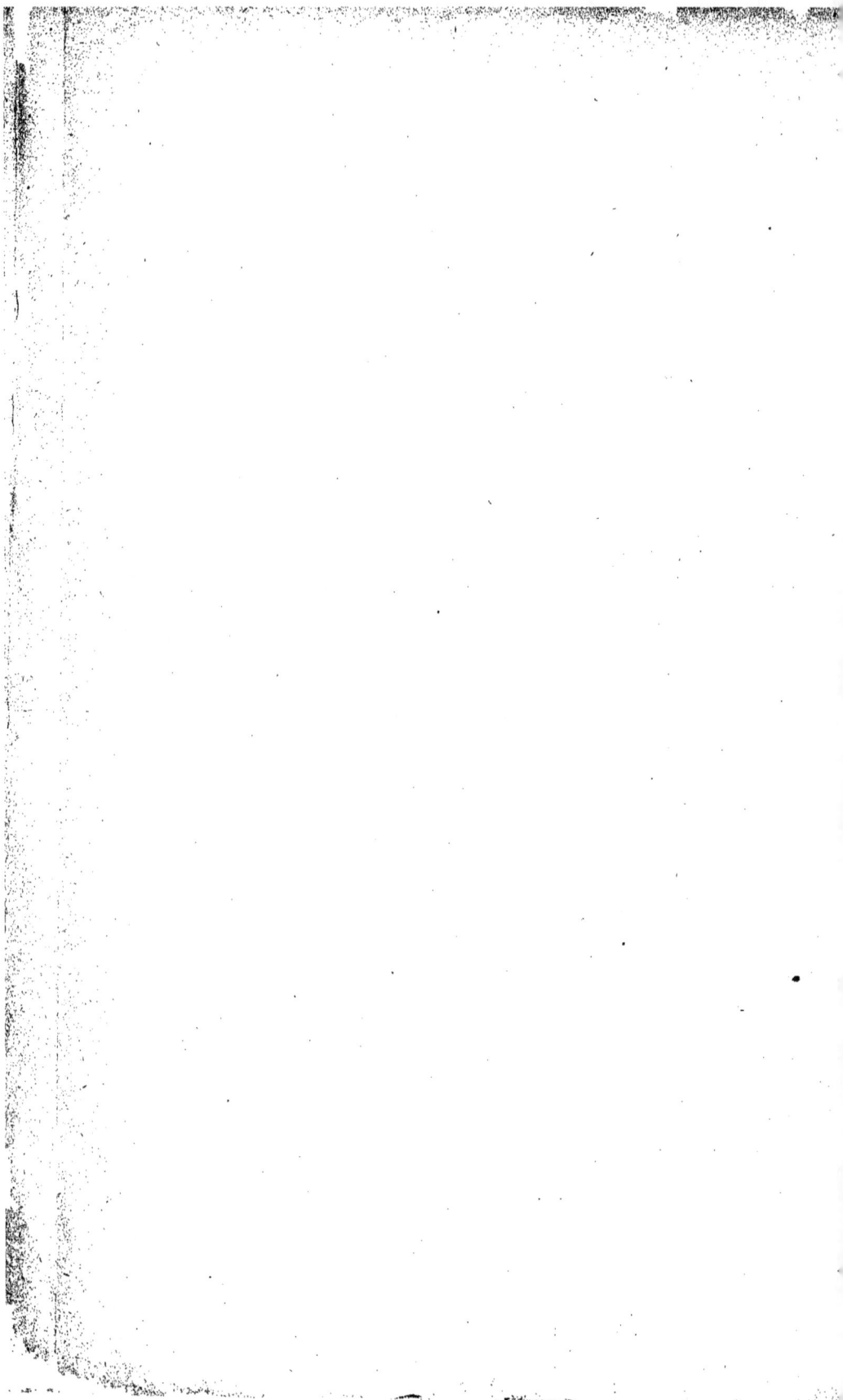

## Oscillations mensuelles

Le graphique ci-après fait ressortir les particula-
rités suivantes : établi pour les cinq dernières années,
il indique que tous les ans la gastro-entérite subit,
à la même époque de l'année, une recrudescence
marquée Les mois de juillet et août sont les
plus chargés. Au contraire, les premiers et les
derniers mois de l'année donnent la plus faible
mortalité.

La courbe représentant la mortalité infantile
subit des variations concomitantes. Toutes les fois
que la courbe indiquant la mortalité par entérite
s'élève, la courbe représentant la mortalité générale subit en même temps une élévation corres-
pondante. En un mot, on peut dire que la mortalité générale infantile est commandée par la
mortalité par gastro-entérite.

Les deux courbes inférieures s'éloignent pendant
les mois d'hiver et se rapprochent pendant les
mois d'été. Cette divergence est due à ce que la

pneumonie et la coqueluche sévissent plus particulièrement sur les enfants pendant les mois froids
de l'année, alors que, au contraire, la gastro-
entérite cause peu de décès.

D'une manière plus générale, cette courbe montre
que, par rapport à la natalité générale, un nombre
considérable d'enfants succombent.

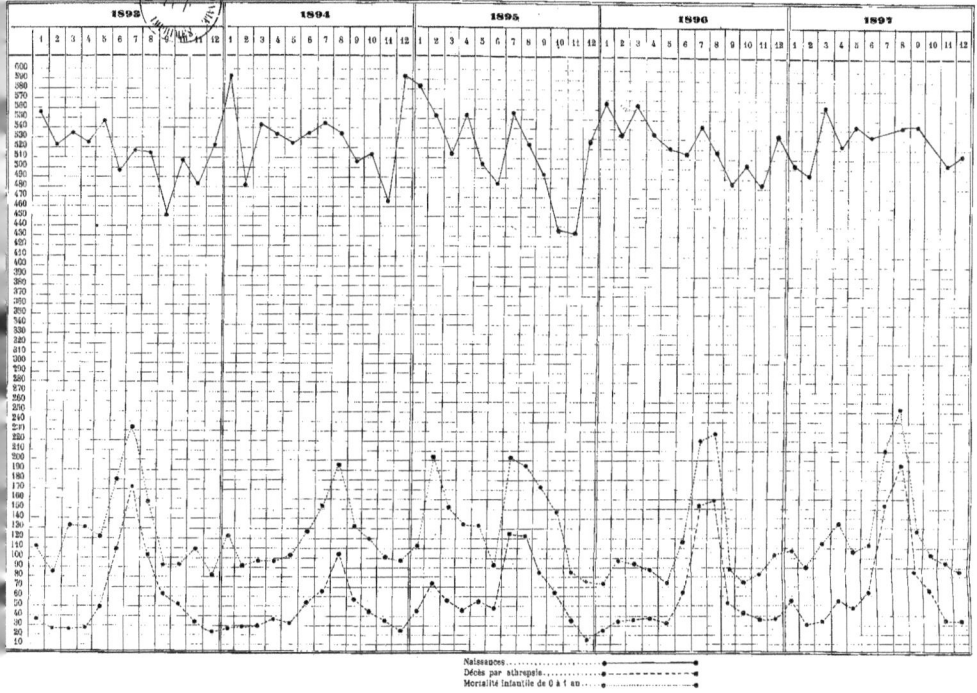

Courbes représentant les naissances mensuelles, les morts par l'athrepsie et la mortalité infantile de 0 à 1 an

*(Les enfants de 0 à 1 an sont seuls comptés dans les morts par athrepsie)*

Naissances..................●————————●
Décès par athrepsie.............●————————●
Mortalité infantile de 0 à 1 an.....●·········●

# V

## Influence de la température

L'influence de l'été, que nous avons notée déjà, est mise en évidence dans le graphique suivant. La température rend plus faciles les altérations du lait qui le rendent impropre à l'alimentation des nourrissons, et les décès par gastro-entérite augmentent alors de nombre. Aussi la courbe indiquant les températures moyennes des différents mois de l'année est-elle parallèle à la courbe indiquant les décès par gastro-entérite. Cependant, tandis que la courbe des températures ne subit pas une ascension brusque, la courbe de l'entérite, au contraire, s'élève rapidement et atteint son maximum en juillet-août, pour redescendre d'une façon brusque. Cela tient vraisemblablement à deux causes : la première, c'est le nombre de décès par gastro-entérite aiguë et choléra infantile, affections qui sévissent surtout en été ; en second lieu, les grandes chaleurs, que les nourrissons supportent mal, ont une influence certaine sur le nombre des décès.

# 1897

## Courbes des décès par athrepsie et de la moyenne des températures par mois

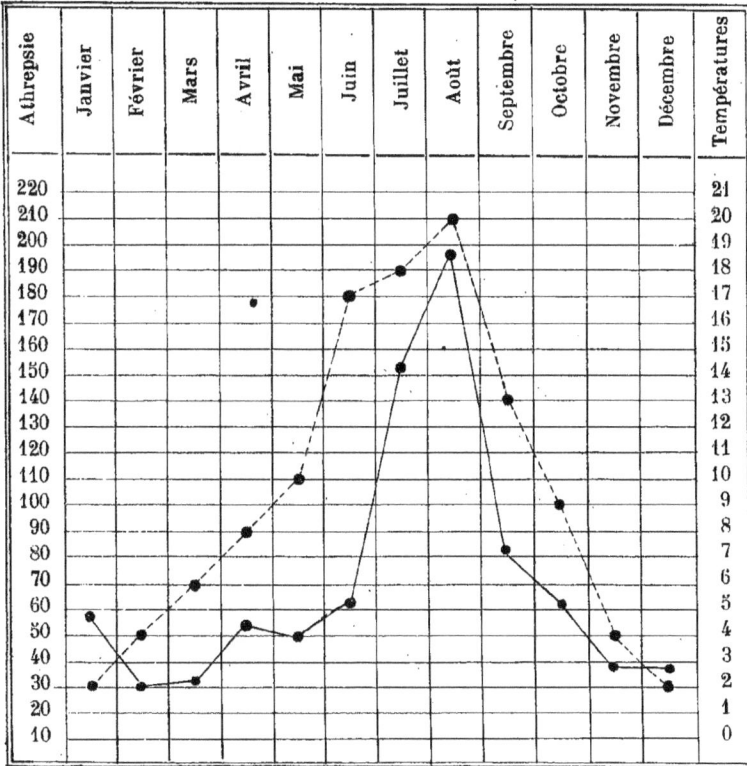

Décès par athrepsie ●────────●

Température. . . . ●────────●

## Répartition par quartier

Les quatre cartes qui suivent, représentant la
ville de Lille divisée par quartiers, permettent de
se rendre compte :

1° *Des décès pris en masse* ; les chiffres en indiquent
le nombre ; le quartier de Wazemmes, extrêmement
populeux, situé au centre de la Ville, aux rues
étroites, aux maisons trop exiguës pour le nombre
de leurs habitants, fournit un chiffre de 201 décès. Le quartier de Moulins-Lille, très populeux,
vient ensuite.

2° *De la proportion des décès par quartiers pour
100 naissances* : il ne suffit pas, en effet, de savoir
que le quartier de Wazemmes offre la mortalité la
plus élevée ; il faut encore savoir si les enfants y
meurent en plus grand nombre qu'ailleurs. Or,
cette partie de la Ville donne un pourcentage de
décès par gastro-entérite des enfants relativement
faible, et ce sont les quartiers d'Esquermes et du
Sud, cependant bien aérés, situés en dehors des

centres ouvriers, qui donnent le pourcentage le plus élevé. Les causes de cette répartition nous échappent.

3° *De la proportion des décès par quartiers pour 1000 habitants :* il n'est pas, en effet, sans intérêt de savoir dans quels quartiers les habitants savent le mieux préserver leurs enfants de la gastro-entérite. Ce sont les quartiers situés au nord de la Ville, qui ont la mortalité par gastro-entérite chez les enfants la plus faible. Plus on se rapproche du sud, plus la mortalité devient forte.

4° De la répartition des décès : sur cette carte sont inscrits par un point noir tous les décès à l'endroit même où ils se sont produits ; ces cartes pointées existent à l'Office sanitaire pour un grand nombre d'affections. Nous avons cru intéressant de reproduire celle de l'Athrepsie qui montrera nettement les régions urbaines où se produisent en plus grand nombre les décès.

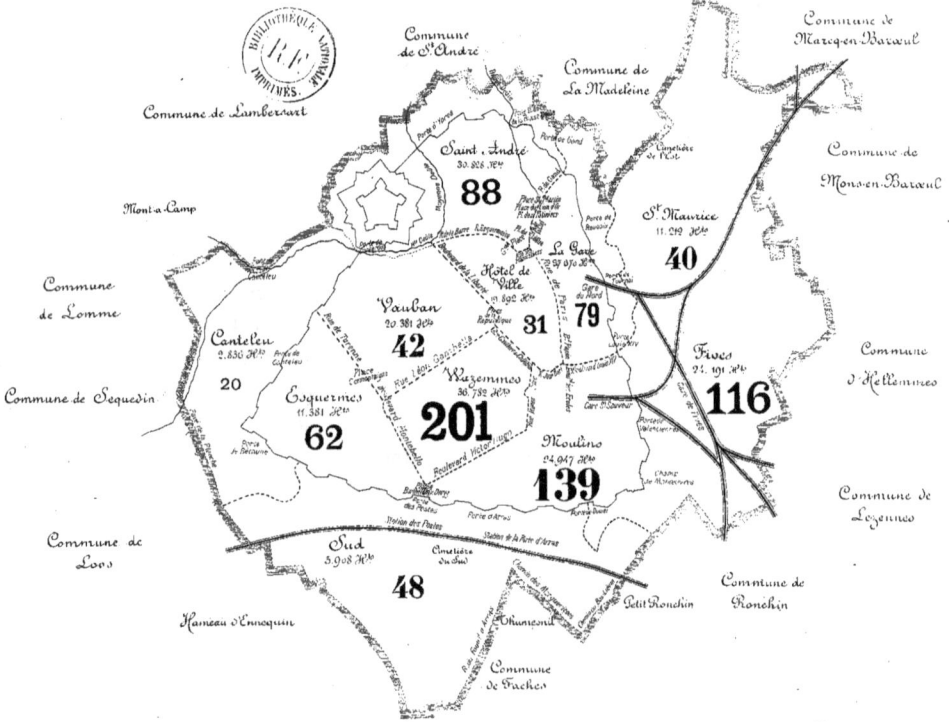

Lille, 1897.

ATHREPSIE. - DÉCÈS PAR QUARTIERS

Commune de St André
Commune de La Madeleine
Commune de Marcq-en-Barœul
Commune de Lambersart
Commune de Mons-en-Barœul
Mont-à-Camp
Saint André
30.926 H^ts
**88**
S^t Maurice
11.219 H^ts
**40**
La Gare
27.030 H^ts
Hôtel de Ville
11.692 H^ts
Commune de Lomme
Canteleu
2.836 H^ts
**20**
Vauban
20.381 H^ts
**42**
**31**
**79**
Fives
24.191 H^ts
**116**
Commune d'Hellemmes
Commune de Séquedin
Esquermes
11.381 H^ts
**62**
Wazemmes
36.732 H^ts
**201**
Moulins
24.047 H^ts
**139**
Commune de Lezennes
Commune de Loos
Sud
5.908 H^ts
**48**
Commune de Ronchin
Petit Ronchin
Hameau d'Ennequin
Commune de Faches

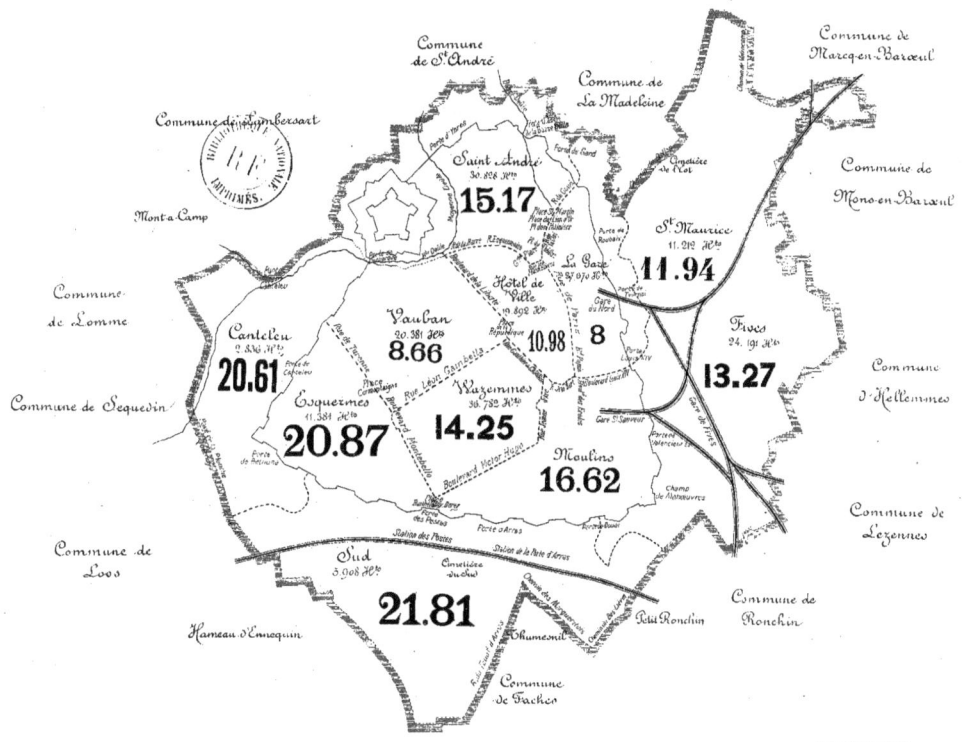

Lille, 1897. **ATHREPSIE. - PROPORTION DES DÉCÈS PAR QUARTIERS POUR 100 NAISSANCES**

Lille, 1897. **ATHREPSIE.—PROPORTION DES DÉCÈS PAR QUARTIERS POUR 1000 HABITANTS**

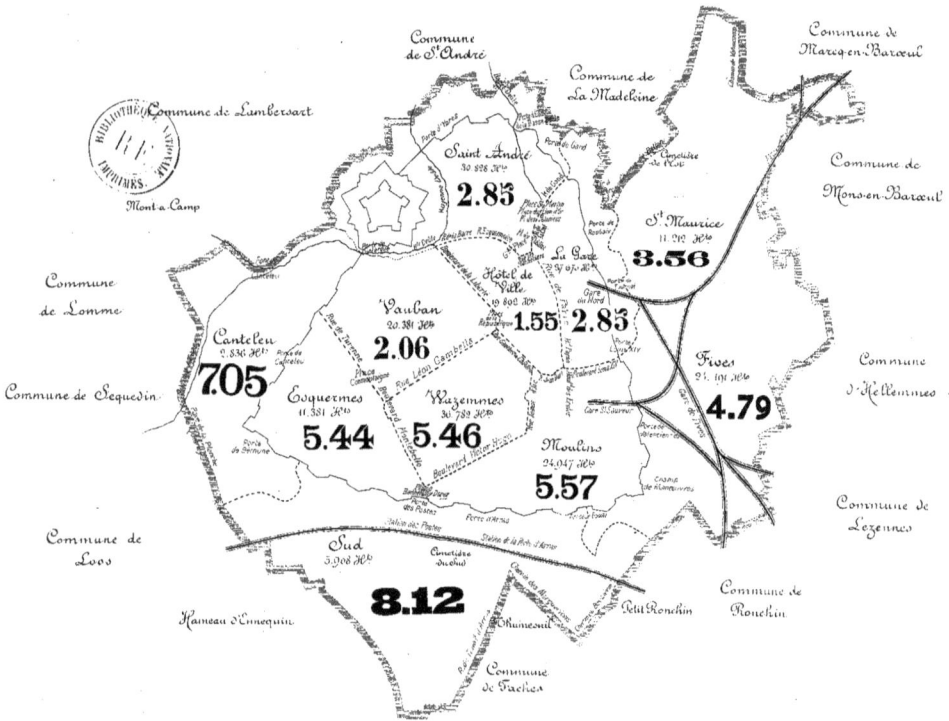

VILLE DE LILLE

Année 1897

RÉPARTITION PAR QUARTIER DES DÉCÈS PAR ATHREPSIE (DE 0 A 1 AN)

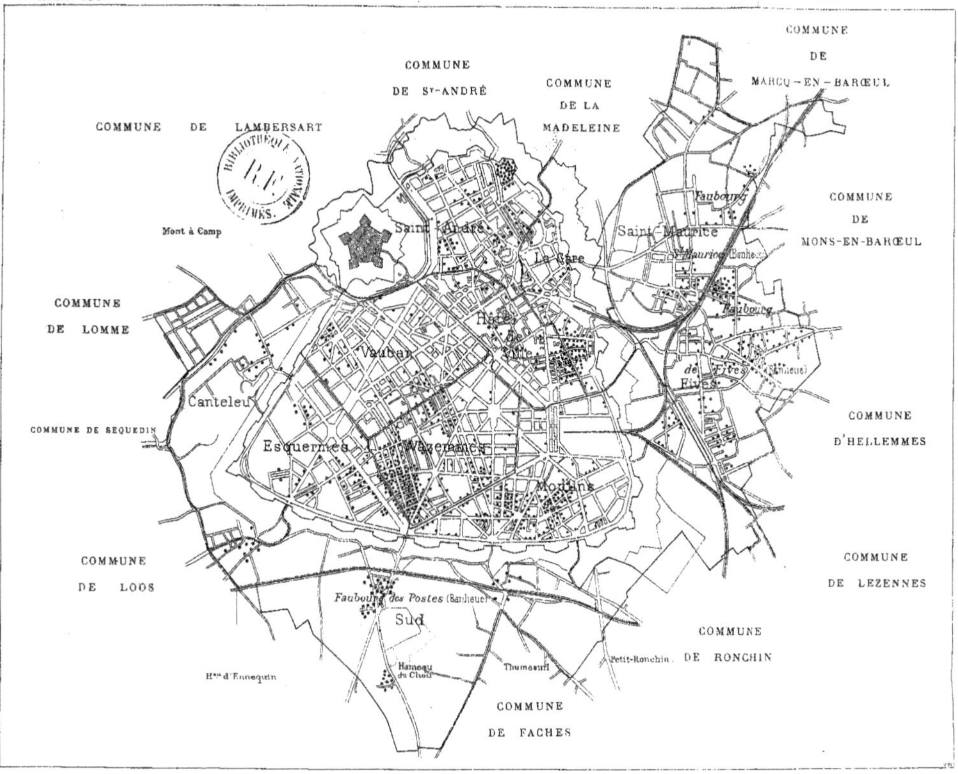

COMMUNE DE St-ANDRÉ

COMMUNE DE LA MADELEINE

COMMUNE DE MARCQ-EN-BARŒUL

COMMUNE DE LAMBERSART

COMMUNE DE MONS-EN-BARŒUL

Mont à Camp

Saint-André

La Gare

Faubourg

Saint-Maurice

St-Maurice (Bonheur)

COMMUNE DE LOMME

Hazel

Vauban

Bottes

Faubourg

Canteleu

de Fives (Malheur)

Fives

COMMUNE DE SEQUEDIN

COMMUNE D'HELLEMMES

Esquermes

Wazemmes

Moulins

COMMUNE DE LEZENNES

COMMUNE DE LOOS

Faubourg des Postes (Bonheur)

Sud

COMMUNE DE RONCHIN

Hau d'Ennequin

Hameau du Chou

Thumesnil

Petit-Ronchin

COMMUNE DE FACHES

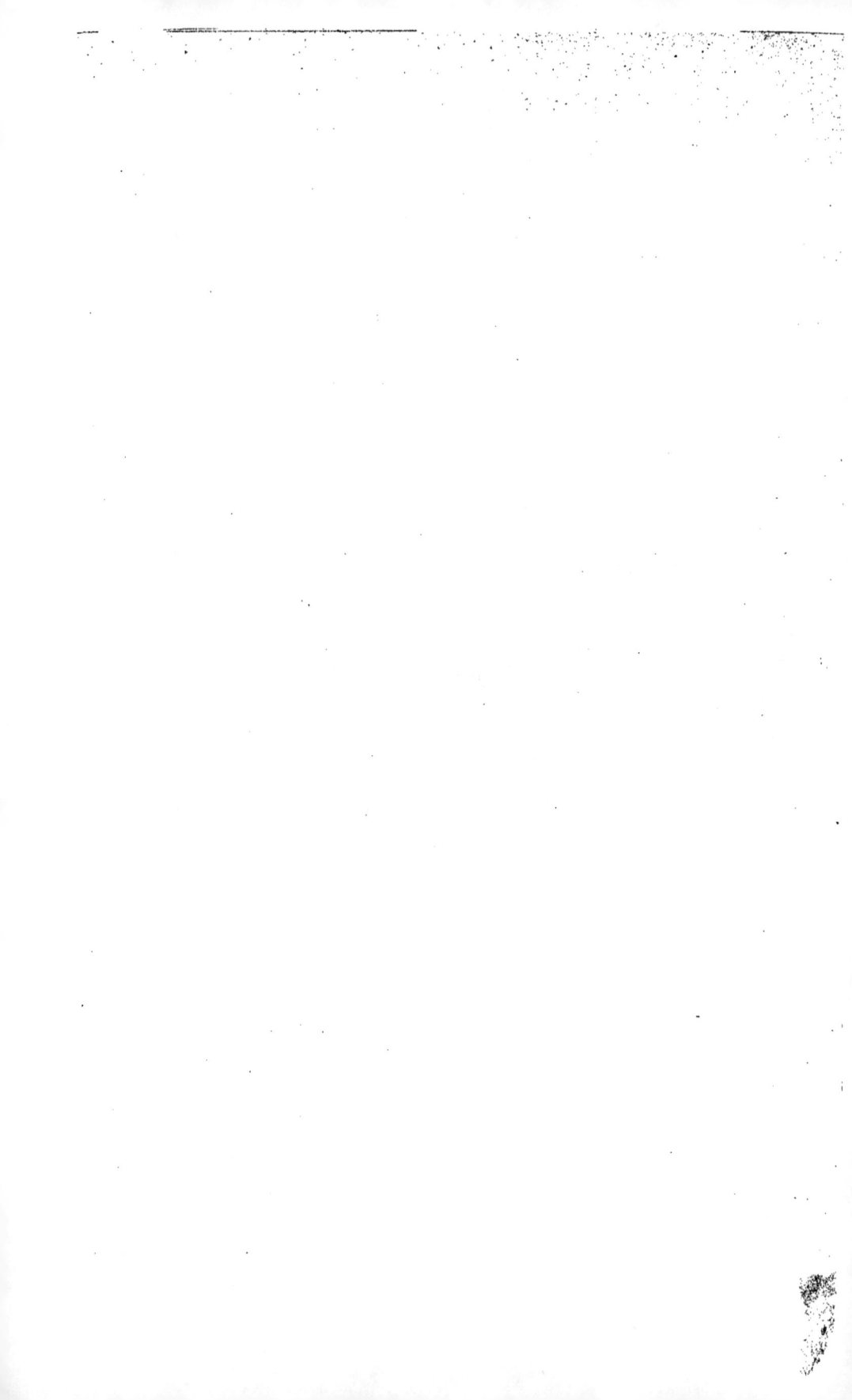

## Mortalité comparative par gastro-entérite
## à Lille et dans quelques grandes villes
## de France et de l'étranger

Dans le tableau suivant, nous avons inscrit des chiffres relatifs à quelques grandes villes. Tout d'abord, les chiffres de la population, des décès, des naissances et des décès par entérite qui permettent d'établir des proportions. La proportion la plus importante est celle des décès par entérite sur 100 naissances. Alors qu'à Paris il meurt environ 5 enfants par entérite sur 100 naissances, il en meurt à Lille plus de 15, à Madrid près de 13, à Reims et à Rouen près de 17, au Havre plus de 13. Ces derniers chiffres sont extrêmement forts puisqu'ils représentent 1/6 des naissances.

La seconde série de proportions que nous avons établie est le rapport qu'il y a entre le nombre des habitants et les décès par entérite. Ici encore les quatre villes : Lille, Le Havre, Rouen et Reims donnent une proportion considérable.

Notre troisième série de calculs établit la proportion pour 100 décès de décès par entérite. Lille vient en tête avec près de 20 décès. Cela prouve une fois de plus qu'à Lille la mortalité due à cette maladie est considérable. Berlin, Madrid, Roubaix, Le Havre, Reims et Rouen sont susceptibles de la même remarque.

La plupart des chiffres qui sont inscrits dans ce tableau ont été puisés dans la statistique dressée par M. le D$^r$ Jansens, de Bruxelles. Des comparaisons entre les principales villes du monde entier y sont dressées. Malheureusement, les décès n'y sont pas répartis suivant les âges et il ne nous a pas été possible de tabler la part qui revient à la première enfance, pour toutes les villes que nous avons inscrites dans ce tableau et spécialement pour l'étranger. Des documents directement envoyés à l'Office sanitaire par quelques villes de France seulement, détaillés pour ce qui a trait à la mortalité infantile, nous ont fourni des matériaux pour établir quelques proportions intéressant spécialement l'enfance.

On peut remarquer que les décès par entérite sévissent partout en France avec la même intensité sur les enfants et que les adultes fournissent un contingent des plus faibles. De sorte que les proportions établies sur tous les décès par entérite conservent, quoique entachées d'une légère erreur, la plus grande partie de leur intérêt.

## Entérite. — Année 1897

| DÉSIGNATION DES VILLES | POPULATION | NOMBRE DE | | Décès par entérite enfants et adultes | Décès par entérite de 0 à 1 an | Proportion de décès par entérite de 0 à 1 an calculée sur 100 naiss. | Enfants et adultes | | |
|---|---|---|---|---|---|---|---|---|---|
| | | Décès | Naissances | | | | Proportion des décès par entérite sur 100 naissances | Proportion pour 1.000 habit. des décès par entérite | Proportion pour 100 décès des décès par entérite |
| Londres . . . . . | 4.463.169 | 80.946 | 133.625 | 6.426 | | | 4,80 | 1,43 | 7,93 |
| Paris . . . . . . | 2.511.629 | 46.704 | 59.355 | 2.916 | 2.376 | 4,00 | 4,91 | 1,16 | 6,24 |
| New-York . . . | 1 971.363 | 38.797 | 53.750 | 2.515 | | | 4,67 | 1,27 | 6,48 |
| Berlin. . . . . . | 1.708.499 | 29.796 | 46.815 | 4.277 | | | 9,13 | 2,50 | 14,35 |
| Vienne . . . . . | 1.542.294 | 32.807 | 49.448 | 3 646 | | | 7,37 | 2,36 | 11,11 |
| Saint-Pétersbourg | 1.267.023 | 27.576 | 32.160 | 3.049 | | | 9,48 | 2,40 | 11,05 |
| Bruxelles . . . . | 531.011 | 8.779 | 13.702 | 1.003 | | | 7,32 | 1,88 | 11,42 |
| Madrid . . . . . | 487.169 | 14 526 | 15.329 | 1.949 | | | 12,71 | 4 » | 13,41 |
| Copenhague . . . | 333.714 | 5.954 | 9 914 | 478 | | | 4,82 | 1,43 | 8,02 |
| Stockholm. . . . | 267.100 | 4.587 | 6 935 | 489 | | | 7,05 | 1,83 | 10,66 |
| **Lille** . . . . . . | **218.391** | **4.886** | **6 337** | **962** | 866 | 13,68 | 15,18 | 4,40 | 19,68 |
| Roubaix . . . . | 124.447 | 2.456 | 3.837 | 466 | 309 | 8,07 | 12,14 | 3,74 | 18,97 |
| Lyon . . . . . | 466.767 | 8.762 | 8.424 | 466 | | | 5,53 | 0,99 | 5,31 |
| Bordeaux . . . . | 252.102 | 5.183 | | 366 | | | | 1,45 | 7,06 |
| Saint-Étienne . . | 135.784 | 2.829 | 3.256 | 225 | 170 | 5,22 | 6,91 | 1,65 | 7,95 |
| Nantes . . . . . | 125.757 | 2.710 | 2.439 | 216 | | | 8,85 | 1,71 | 7,97 |
| Le Havre . . . . | 119.470 | 3.046 | 3.756 | 494 | 435 | 11,64 | 13,15 | 4,13 | 16,21 |
| Rouen. . . . . . | 112.657 | 3.199 | 2.967 | 493 | 445 | 14,99 | 16,61 | 4,37 | 15,41 |
| Reims. . . . . . | 108 943 | 2.550 | 2.735 | 464 | 406 | 14,84 | 16,96 | 4,25 | 18,19 |
| Nice. . . . . . . | 108.227 | 2.077 | 2.551 | 153 | 96 | 3,76 | 5,99 | 1,41 | 7,36 |

# CONCLUSIONS GÉNÉRALES

Nous ne tirerons des documents qui précèdent aucune conclusion de détail. L'interprétation complète des chiffres que nous avons fournis appellerait une discussion approfondie des causes locales qui donnent à la gastro-entérite une importance considérable dans le tableau de la mortalité lilloise.

Ce travail sera fait ultérieurement, nous ne voulons aujourd'hui tirer de nos documents qu'une seule conclusion prophylactique de toute évidence celle-là, c'est celle de la nécessité qui s'impose de combattre énergiquement le fléau qui, à l'heure actuelle, fauche tant d'existences, parmi les enfants du premier âge, particulièrement dans les quartiers populeux de notre Ville. Il y a là, évidemment, un devoir qui s'impose à tous ceux qui ont souci des intérêts de notre Ville et du pays.

Lille, imp. Le Bigot Frères.

www.ingramcontent.com/pod-product-compliance
Lightning Source LLC
Chambersburg PA
CBHW060510210326
41520CB00015B/4177